EQUIPO PEDAGÓGICO LA SALLE

Trabajo realizado por:

Pedro MÉNDEZ SANZ
Francisco J. GUTIÉRREZ CASTILLO
Luis Horacio VALDÉS GONZÁLEZ
Antonio FERNÁNDEZ EGUILUZ
Juan Carlos VALVERDE GARRIDO

Coordinado por:

José QUINTANAL DÍAZ

LUISÓN

ALFREDO GÓMEZ CERDÁ

Bruño

Bruño

Editorial Bruño
Maestro Alonso, 21
28028 Madrid

Dirección Editorial: José López Serrejón

Portada e interiores: Enrique Nieto & Asociados, S.A.
Maquetación, Ilustración y Fotocomposición:
Enrique Nieto & Asociados, S.A.

Fotomecánica: Sistegraf
Imprime: VILLENA, A. G.

"Juegos de Lectura" basados en el libro:
"Luisón".

Depósito Legal: M.-11346-94
ISBN: 84-216-1622-6
Código: AJL-22000230

Me gustaría ser...

¡Hola, ¡amiguito / amiguita!

¿Sabes quién soy? ¡Claro! ¡Cómo lo vas a saber si no nos habíamos visto nunca antes!

Me llaman Luisón. No sé por qué me llaman así, aunque me imagino que será porque estoy "muy rellenito". Me dicen que me parezco a una aceituna rellena y que soy fuerte como un toro. Pero es que no lo puedo remediar. Cuando siento el gusanillo por el ombligo... ¡zas!, ¡bocadillo al canto!

No veas lo que paso en la clase de gimnasia cuando me manda el profesor subir esa interminable cuerda. Por más que lo intento, mis brazos se niegan a soportar el peso del culo y, aunque levanto los pies, el culo no hay quien lo separe del suelo.

Por eso me gusta más "soñar", porque el pensamiento no pesa tanto y puedo volar y trasladarme a cualquier parte en un instante sin problemas de peso.

Y no te vayas a creer, gracias a esos sueños he descubierto lo que me gustaría ser cuando sea mayor, al menos por ahora, porque ya he cambiado varias veces de oficio: sastre, deportista, pastelero, levantador de pesas, artista de circo... Ahora estoy empeñado en ser "escritor de cuentos para niños".

Es divertidísimo, ¿sabes? Además, me lo paso bomba.

Porque, digo yo, ¿para qué voy a esperar a ser mayor para escribir cuentos? ¿No te parece?

¿Quieres ser mi amigo y jugar conmigo?

A ti, ¿qué te gustaría ser?

¿Me dices tu nombre? ______________________________

¿Dónde vives? ______________________________

Tú ya sabes mi nombre. Vivo en **Editorial Bruño**, en la calle Maestro Alonso, 21. 28028 - Madrid

Tipos de juegos

Para leer mejor.

Atención y habilidad visual.

Vocabulario y ortografía.

Sintaxis y estilo.

Para ejercitar la memoria.

Para desarrollar la comprensión.

Pasatiempos.

Índice

Comprensión lectora

1. Luisón iba caminando todos los días al colegio porque...
A. no había autobús.
B. quería adelgazar.
C. vivía próximo al colegio.

2. ¿Dónde llevaba Luisón la cartera?
A. En la bicicleta.
B. En la espalda.
C. En la mano.

3. El bocadillo lo llevaba...
A. en el bolsillo de la cazadora.
B. en la mano, para no perderlo.
C. en la mochila con los libros.

4. ¿Para qué se mojaba los dedos con la lengua?
A. Para limpiárselos, pues los tenía sucios.
B. Para que le entraran en calor.
C. Para que se le pegaran los granos de azúcar del donuts.

5. ¿Cómo era la cara de Luisón?
A. Redonda y achatada como un platillo volante.
B. Gruesa y redonda como un queso manchego.
C. Redonda como una hogaza de pan.

6. La tienda de Telesforo era...
A. la mejor tienda del barrio.
B. la tienda más cara del pueblo.
C. la única tienda de ropa del barrio.

7. Cuando Marina vio a Jaime con los pantalones exclamó:
A. ¿Te han contratado los del circo?
B. ¡Qué guay!
C. ¡Estás guapísimo!

8. ¿Quién atendió en la tienda a la mamá de Luisón?
A. El dueño, Telesforo.
B. La hija mayor de Telesforo.
C. La esposa de Telesforo.

9. Cuando llegaron Luisón y su mamá a la tienda, ¿dónde estaba Telesforo?
A. Tomando un café en el bar.
B. Detrás del mostrador.
C. Había ido al almacén a traer más ropa.

10. ¿Qué le dijeron a la madre en la tienda?
A. Que Luisón estaba muy gordo.
B. Que no tenían la talla de Luisón.
C. Que era más fácil cubrir una plaza de toros.

ACIERTOS ______________________

NOMBRE ______________________

Vocabulario

a) Coloca cada una de estas palabras junto al dibujo que le corresponde. ◆

Introduce	Temprano	Repletas	Humedecer	Detenerse

____

____

____

____

____

b) Escribe las palabras del vocabulario en la frase que les corresponde:

___________________ la mano en el bolsillo.

Se pasaba la lengua por la mano para ___________________

Luisón se paró para ___________________ frente al escaparate.

Las estanterías estaban ___________________ de pantalones.

Hoy me he levantado muy ___________________

Luisón se come hasta las letras

Luisón tenía tanta hambre que se ha comido todas las vocales. Vuelve a colocarlas en su sitio. ◆

L _ J _ S	C _ R T _ R _
M _ D R _	C _ Z _ D _ R _
M _ Ñ _ N _	G R _ N _ T _ S
H _ G _ Z _	M _ R C _ L L _ S
C _ L _ G _ _	P R _ S _ M _ _ N D _

Habilidad visual

Lee atentamente estas palabras fijándote en la línea central y trata de retenerlas. Cuando se te indique, pasas la página. ◆

dos	día	ríe
aún	pan	voz
mira	uno	vida
dedos	solo	guay
zampa	cara	cursi
Luisón	mano	Jaime
mañana	lejos	señora
espalda	papel	tienda
bolsillo	cocina	derecha
cazadora	último	cocina

A ver si recuerdas

De estas palabras subraya las que estaban en la lista de la página anterior. ◆

lía	tejas	guay
dedos	cocina	regla
pan	balón	cursi
espalda	papel	lápiz
can	pastel	cristal

Sopa de letras

Localiza en el cuadro las siguientes palabras:

Luisón labio tomate mejor señora colorada casa

L	L	X	Z	R	R	A	C
V	U	K	C	M	L	Z	O
O	I	Z	A	X	Z	O	L
X	S	R	S	N	M	J	O
T	O	M	A	T	E	L	R
W	N	A	R	M	J	R	A
A	L	A	B	I	O	M	D
N	S	E	Ñ	O	R	A	A

Brazos como...

Si quieres saber cómo eran los brazos de Luisón, deberás descubrir cada una de las letras sirviéndote de la clave. El profesor te explicará cómo debes hacerlo. ◆

CLAVE		
I		D
M	1	T
L	2	D
G	3	B
R	4	S
Y	5	A
F	6	U
U	7	O
N	8	P
I	9	C
Z	10	E

(2-I) (7-D) (4-D) (3-D) (4-I) (5-D) (10-I) (7-D) (4-D)

____

(2-D)(10-D) (2-I) (7-I) (9-I) (4-D) (7-D) (8-I)

____

(8-D) (5-D) (4-I) (10-D)(9-D)(10-D) (8-I) (2-D) (7-D)(4-D)

____

(1-I) (7-D) (4-I) (9-D) (9-I) (2-I) (2-I) (5-D) (4-D)

____

(10-D) (8-I) (7-D) (4-I) (1-I) (10-D)(4-D)

____

Habilidad visual

Observa el recuadro y responde lo más rápidamente posible las preguntas que siguen. ◆

Dos números están repetidos DOS veces. ¿Cuáles son?

☐ y ☐

¿Qué números no aparecen?

☐ y ☐

¿Qué número se repite TRES veces?

☐

¿Cuántas letras diferentes hay en total?

☐

Cada oveja con su pareja

Las palabras de la primera columna están repetidas en la segunda, pero éstas tienen las letras al revés. Une con flechas las palabras iguales.◆

PAN	ARAC
CARA	ALIHCOM
TOMATE	ELAS
ROPA	ONAM
MANO	ETAMOT
LABIOS	APOR
SALE	SOIBAL
MOCHILA	NAP

Palabras repetidas

Cada una de estas dos columnas de palabras tienen algunas repetidas. Escribe debajo cuáles son y cuántas veces se repiten. ◆

colegio	lengua
espalda	azúcar
mochila	dedos
colegio	boca
bolsillo	granitos
espalda	lengua
papel	mojada
bolsillo	azúcar
colegio	dedos
recreo	lengua

Comprensión lectora

1. **Luisón tenía pegado el rostro...**
   A. a la puerta de la tienda.
   B. al cristal del escaparate.
   C. a la falda de su madre.

2. **Como por arte de magia desapareció...**
   A. el cristal del escaparate.
   B. el pantalón que le gustaba a Luisón.
   C. la cartera de Luisón con el bocadillo dentro.

3. **La gente decía que Luisón...**
   A. era un niño nervioso.
   B. entendía mucho de pantalones.
   C. era un tipo tranquilo.

4. **Para poder salir del escaparate, Luisón tendría que esperar...**
   A. a que se hiciera de noche.
   B. a que Telesforo abriera la tienda.
   C. a que alguien lo rescatara de allí.

5. **Para ponerse los pantalones nuevos Luisón se escondió...**
   A. detrás de un maniquí.
   B. detrás del mostrador.
   C. debajo de la escalera.

6. **Los pantalones que Luisón se probó...**
   A. le quedaban anchos como los de los payasos.
   B. no le entraban por las piernas.
   C. le quedaban perfectos.

7. **Luisón estaba tan contento con sus pantalones que se puso...**
   A. a saltar y a bailar.
   B. en medio de la calle para que lo vieran.
   C. a dar volteretas de alegría.

8. **Estando Luisón en el escaparate, se acercaron...**
   A. unas ancianas que lo tomaron por un maniquí.
   B. unos policías.
   C. unas señoras.

9. **Luisón sabía que lo que había pasado...**
   A. era imposible que hubiera ocurrido realmente.
   B. no era sino una aventura divertida.
   C. eran sólo imaginaciones suyas.

10. **Luisón pensaba que cuando fuera mayor sería...**
    A. sastre.
    B. astronauta.
    C. payaso.

ACIERTOS ____________________

NOMBRE ____________________

Vocabulario

A Luisón le gustaría saber cuál es el significado correcto de las expresiones escritas en negrita. Señala con una X la respuesta verdadera. ◆

1. Luisón cae al interior del escaparate dando una **voltereta tremenda**.

"voltereta tremenda":
a) Girar con la cabeza en el suelo.
b) Vuelta muy grande.
c) Vuelta sin manos.

2. Girando únicamente **las niñas de los ojos**, mira a su alrededor.

"las niñas de los ojos":
a) Redondelito negro en el centro del ojo.
b) Niñas con ojos grandes.
c) Los ojos de las niñas.

3. Luisón **se quedó inmóvil como un maniquí**.

"se quedó inmóvil":
a) Permaneció con los ojos cerrados.
b) Se quedó sentado en el automóvil.
c) Se quedó sin moverse.

"como un maniquí":
a) Como un mono pequeñito.
b) Como una figura humana de escayola.
c) Como si tuviera las manos escayoladas.

4. Sin parpadear observa cómo las señoras se detienen junto al escaparate.

"Sin parpadear":
a) Sin decir ni media palabra.
b) Sin moverse absolutamente nada, ni siquiera los ojos.
c) Sin comerse los donuts y el bocadillo.

5. De tanto girar **pierde la noción** de dónde está.

"pierde la noción":
a) No sabía dónde estaba.
b) Perdió la colonia de su padre.
c) Perdió la mochila con los libros.

Caza y captura

¿Cuántas veces están repetidas las letras que aparecen debajo de cada cuadro? Tienes que hacerlo lo más rápidamente posible. ◆

V	B	C	X	Z	M	N	O
X	Y	B	A	C	D	E	F
H	M	I	J	L	R	S	O
L	R	Z	R	Y	L	S	T
V	A	L	X	Z	V	L	S
X	Y	Z	R	W	T	R	X
O	A	L	X	Y	A	L	S
A	B	M	N	Y	Z	X	R

V ____ Z ____ X ____
A ____ O ____ R ____

N	R	M	A	B	Z	X	Y
L	A	B	X	C	L	R	M
O	P	Z	Y	J	W	K	S
T	U	M	Ñ	E	T	Y	O
A	M	N	Ñ	Z	W	N	B
Ñ	O	U	B	C	D	P	T
J	D	B	P	Z	J	B	C
U	R	K	J	L	M	N	L

M ____ D ____ K ____
J ____ T ____ B ____

Juega con Luisón

Aquí tienes siete palabras divididas en dos partes. Sirviéndote sólo de los ojos, completa las palabras y escríbelas a la derecha. ◆

ELO
ESCA CIAL
ASTRO
CIONES VOLTE
LONES
PANTA
MOD NAUTA
RETA
PARATE
ESPA
CONFEC

Habilidad visual

¿Cuántas veces está repetida la primera palabra en cada una de las series? ◆

ROPA: Copa, popa, ropa, pota, ropa, copa, sopa, capa, ropa, rota, oca, ropa, paso, ropa.

RATO: Rato, pato, saco, rato, raso, roto, rato, rato, raza, rata, sapo, ratón, cazo.

GIRA: Tira, gira, mira, lira, gira, jirafa, gira, pila, ira, gira, gira, gime, giras.

Espiral

A partir de la letra de mayor tamaño que figura en el centro, y yendo en espiral en la dirección que indica la flecha, trata de reconstruir la frase que está escondida. ◆

N	N	O	H	A	B	Í
Ó	R	C	I	C	L	A
S	O	Í	N	F	I	N
I	D	F	**D**	U	S	A
U	E	L	E	E	T	C
L	R	R	O	C	A	I
O	D	N	A	U	C	D
						O

Para leer mejor

Fijándote en las líneas azules, trata de leer lo más rápidamente que puedas esta lectura.
Cuando termines, anotas el tiempo que has tardado; descansa un poco y vuelve a leerlo otra vez. ¿Has mejorado? ◆

No es cuestión de ponerse
nervioso. Además, Luisón
es un tipo tranquilo.
Eso dicen los demás, que él
no está muy seguro. Tendrá
que esperar a que Telesforo
abra la tienda. Eso sí,
también tendrá que explicar
qué hace dentro de su escaparate.
Para pasar el rato
coge del escaparate aquellos
pantalones que tanto le gustan y se queda
mirándolos. No le parecen tan pequeños.
Decide probárselos. Luisón se esconde detrás
de un maniquí para que la gente que pasa por
la calle no lo vea en calzoncillos.

Tiempo: ____________ Tiempo: ____________

Completa lagunas

Parpadear, diciendo, detienen, escaparate, encantaría, señoras.

Sin ________________ siquiera, observa cómo las ____________ se________________ junto al ____________________ , cómo señalan a un lado y a otro y cómo, finalmente, le señalan a él. Le ________________ saber lo que están ______________.

Habilidad visual

En cada uno de estos grupos hay dos líneas que contienen las mismas letras pero ordenadas al revés. Localízalas y subráyalas.

A F B	B A F
D R G	D G R
E S I	I S E
J L O	O L P
Q N R	Q M R

ñ g c	g h ñ
d t r	r t d
s e t	t e w
o g r	g o r
s p i	i s p

Ñ K A	K A Ñ
I U V	V O I
D E S	S E T
A Z X	X Z A
W H K	V K H

k y e	e y k
z q y	z t y
h t v	t v h
i l n	i l m
c g t	t c g

T Y F	F J T
B D E	E D B
L H P	P L H
X R M	N R X
F T R	F R T

o p e	o p i
e s t	s e t
a h j	j k a
c r b	r b c
d t ñ	ñ t d

Palabra diferente

En cada grupo de cinco palabras se ha colocado una que no guarda relación con las otras cuatro. Búscala y subráyala.
Ten en cuenta que la primera palabra te da la pista de qué tipo de palabras se trata.

Pantalones	Mano	Señora	Grueso
Camisa	Collar	Dama	Hambriento
Jersey	Cabeza	Mujer	Gordo
Reloj	Pierna	Madre	Pesado
Calcetines	Brazo	Hombre	Rollizo

Comprensión lectora

1. **¿Qué hizo Luisón antes de cruzar la calle?**
   A. Mirar para ver si lo seguían los guardias.
   B. Mirar a derecha e izquierda para ver si venían coches.
   C. Meter la mano en el bolsillo para coger un donuts.

2. **La tienda de Delfín se dedicaba a vender...**
   A. sombreros y gorras.
   B. juguetes de todo tipo.
   C. material de deportes.

3. **¿Qué deporte practicaba Delfín?**
   A. El ciclismo.
   B. El boxeo.
   C. El fútbol.

4. **¿De dónde sacó Delfín el dinero para montar la tienda?**
   A. De la venta de unas fincas de su tío.
   B. De lo que le tocó en la lotería.
   C. De un préstamo que pidió al banco.

5. **A Luisón no le gustaba hacer deporte...**
   A. porque se cansaba mucho.
   B. porque prefería dormir.
   C. porque le dolían las manos.

6. **¿Cuántos nudos de la cuerda logró subir Luisón?**
   A. Hasta el último nudo.
   B. No logró subir ninguno.
   C. Logró subir sólo dos nudos.

7. **Joaquín trepaba por la cuerda...**
   A. como una ardilla.
   B. como un mono.
   C. como una hormiga.

8. **¿Qué respondió Luisón al profesor cuando le preguntó lo que quería ser de mayor?**
   A. Que iba a ser astronauta.
   B. Que no lo sabía.
   C. Que iba a ser camarero.

9. **¿Qué habría pasado si hubiera dicho que quería ser sastre?**
   A. Que el profesor le habría encargado unos pantalones.
   B. Que le habrían encargado las camisetas del equipo.
   C. Que sus compañeros se habrían reído de él.

10. **¿Qué figura se veía en el cartel del escaparate de Delfín?**
   A. Un jugador de fútbol americano.
   B. Un balón de fútbol.
   C. Una cucaracha con patines.

ACIERTOS ____________________ NOMBRE ____________________

Completar palabras

Reconstruye estas palabras con los trozos que aparecen en el recuadro. ◆

panta - ortantes - eniero - alla - nasia - canzable - contenié
fotogra - compañ - idísimo - iz - ci...tas.

____quierda	imp__________
____clis____	__________fía
gim________	inal__________
__________ndose	to_______
ing________	________lones
_________eros	aburr_________

Habilidad visual

En el menor tiempo posible señala las seis diferencias que hay entre estos dos dibujos. ◆

Texto con lagunas

A continuación tienes un fragmento de la lectura, pero que ha perdido algunas frases. Trata de reconstruir el texto con frases que tienes en el recuadro. ◆

1. la tienda "Deportes Delfín".	**3.** se encuentra con Delfín,
2. ganó ni una peseta en las	**4.** Antes mira para ver

Luisón cruza la calle. ____________________ si venían coches. Sigue caminando y ____________________ corredor ciclista. Nadie en el barrio recuerda un solo triunfo de Delfín. No ____________________ carreras, pero un día le tocó la lotería; con el dinero del premio puso ____________________

____

A ver si recuerdas

Tienes cinco minutos para hojear el CAPÍTULO 2, SEGUNDO ESCAPARATE (páginas 26 a 34). Luego responde a estas preguntas. Puedes tener delante las preguntas mientras hojeas el libro. Sólo al cabo de los cinco minutos las contestarás, ya sin el libro delante. ◆

1. ¿Cuántas veces aparece la letra "e" en el título del capítulo?

____

2. ¿Cuántos nudos tiene la cuerda dibujada en la página 29?

____

3. ¿En qué nudo de la cuerda tiene apoyado el pie derecho? (página 29)

____

4. ¿Qué objetos se hallan dibujados en el letrero de la tienda? (página 27)

____

Habilidad visual

En cada uno de estos grupos hay dos líneas horizontales que contienen las mismas letras, pero ordenadas en sentido inverso. Localízalas y subráyalas.◆

A	B	C
R	S	T
K	U	B
C	B	A
C	A	M

T	S	R
C	F	J
A	M	J
J	F	C
F	S	T

Y	O	Z
K	Y	S
K	M	O
T	Y	K
Z	O	Y

t	i	e
o	m	a
r	n	s
z	d	a
s	n	r

i	l	a
o	s	a
r	n	a
a	s	o
o	l	a

m	t	d
a	z	l
d	t	m
i	n	a
b	o	l

Palabras parecidas

En estas columnas, las palabras que aparecen emparejadas son iguales, pero algunas cambian ligeramente. Subraya en la segunda columna y en la cuarta estas palabras que cambian.◆

①	②
izquierda	izquierda
veían	venían
colegio	colegio
carreras	correas
copas	coplas

③	④
barrio	barrio
manos	monos
hombres	hombros
lotería	lotería
sabe	sube

Habilidad visual

Lee atentamente las indicaciones de cada juego y realízalas. Controla el tiempo que has tardado. ◆

g	r	s
m	g	p
n	t	g

¿Qué letra está repetida más veces?

____

d	h	d
f	e	c
l	g	a

¿Cuántas vocales ves?

____

r	n	r
p	b	d
n	p	b

¿Qué letra no está repetida?

____

4	3	4
5	8	3
6	8	5

¿Qué número no está repetido?

____

n	q	m
l	d	l
b	p	j

¿Qué letra está repetida dos veces?

____

42	13	21
27	35	45
21	36	39

¿Cuál es el número repetido?

____

Tiempo: ☐

Aciertos: ☐

Textos parecidos

Estos dos textos son algo diferentes. Subraya en el texto de abajo las palabras que cambian respecto al texto de arriba. ◆

De mayor me gustaría ser sastre. Tener una tienda como la de Telesforo. Andar de un lado para otro con la cinta métrica colgada del cuello. Yo mismo me haría los pantalones a medida. Y serían los pantalones más modernos del mundo entero.

De grande me agradaría ser sastre. Tener un comercio como el de Telesforo. Caminar de un lado para otro con el metro colgado al cuello. Yo mismo me cortaría los pantalones a medida. Y serían los pantalones más guay del mundo entero.

Atención y habilidad

Lee el texto y responde las preguntas que siguen. ◆

El profesor de gimnasia es un pesado.
Se ha empeñado en que Luisón trepe
por una cuerda llena de nudos que
cuelga del techo del gimnasio.
—¡Vamos Luisón! ¡Arriba!
Y Luisón da un salto y se agarra
a la cuerda con sus manos.
Hace un gran esfuerzo y sus pies
alcanzan el primer nudo.

1. ¿Qué le decía a Luisón el profesor de gimnasia?

____

2. ¿De dónde cuelga la cuerda?

____

3. ¿Cómo es el profesor de gimnasia?

____

4. ¿En qué se ha empeñado el profesor de Luisón?

____

4. NORTON ERA UN GIGANTE (Págs. 35 a 42)

Comprensión lectora

1. El cartel de la tienda de Delfín era...
- A. muy pequeñito.
- B. enorme.
- C. feísimo.

2. ¿Quién le puso el nombre de Norton al jugador del cartel?
- A. Luisón.
- B. El dueño de la tienda.
- C. Su madre, cuando nació.

3. ¿Qué le dijo Norton a Luisón?
- A. Que era aburridísimo estar metido en un cartel.
- B. Que Delfín no vendía ni una pelota.
- C. Llevo cinco meses sin tocar un balón.

4. ¿Cómo eran los brazos de Norton?
- A. Gruesos y muy fuertes.
- B. Cortitos pero robustos.
- C. Largos, largos, largos.

5. ¿Cómo entró Luisón dentro del escaparate?
- A. Lo metió Norton.
- B. Le abrió la puerta Delfín.
- C. Rompiendo el cristal.

6. Norton y Luisón echaron a correr por...
- A. detrás del mostrador.
- B. el césped de aquel estadio.
- C. la calle, camino del campo de deportes.

7. ¿De qué se dio cuenta Luisón?
- A. De que parecía un enano junto a Norton.
- B. De que iba vestido como Norton.
- C. De que el balón no era redondo.

8. Después de la gran jugada, Luisón se dio cuenta de que estaba...
- A. subido a los hombros de Norton.
- B. rodeado de todos los jugadores del equipo.
- C. apoyado en el extremo del escaparate.

9. Cuando Luisón se alejaba del escaparate, ¿qué oyó?
- A. Una voz que le decía: "Adiós, Luisón".
- B. La voz de su madre que le decía que iba a llegar tarde al colegio.
- C. El ruido de las llaves de Delfín que abría la tienda.

10. A Luisón le pareció que...
- A. Norton se había movido.
- B. Norton le había guiñado un ojo.
- C. aquel deporte debía resultar muy duro.

ACIERTOS ____________________

NOMBRE ____________________

Sinónimos

Une con flechas las palabras que significan lo mismo. ◆

CARTEL	CONSUMIDO
SUCEDIÓ	OÍR
SILBA	ANUNCIO
ESCUCHAR	OCURRIÓ
GASTADO	PITA

Para leer mejor

Lee el texto y contesta lo más rápidamente que puedas las preguntas que siguen. ◆

Cuando quiere darse cuenta está dentro del cartel. Mira a un lado y ve un enorme estadio, donde tiene lugar un apasionante encuentro de fútbol americano.

–¡Vamos, Luisón! –Norton le da una palmada en la espalda.

Norton y Luisón echan a correr por el césped de aquel estadio. Luisón se da cuenta de que viste un traje idéntico al de Norton.

¿En qué línea están las siguientes palabras?

apasionante	__________	cartel	__________
traje	__________	enorme	__________
Mira	__________	quiere	__________
idéntico	__________	espalda	__________
americano	__________	viste	__________

Habilidad visual

En el texto de abajo hay algunas palabras que cambian. Subraya las que sean diferentes. ◆

Norton tiende uno de sus brazos hacia Luisón. Es un brazo largo, largo, largo, que atraviesa el escaparate y llega hasta la acera.

–Ven conmigo, Luisón. Me gustaría enseñarte algo.

Luisón no entiende cómo aquel brazo es capaz de atravesar la luna.

Norton alarga uno de sus brazos hacia Luisón. Es una mano larga, larga, larga, que cruza el escaparate y llega hasta la acera.

–Ven conmigo, Luisón. Quiero enseñarte algo.

Luisón no comprende cómo aquella mano es capaz de atravesar el cristal.

Palabras encadenadas

En estas olas tienes varias palabras encadenadas. Rodéalas con un círculo para separarlas. ◆

Vocabulario

Coloca las palabras del recuadro en la frase que les corresponda. ◆

corre - atravesar - disparado - atrapa - enseñarte

Me gustaría ________________ algo.

Luisón no entiende cómo aquel brazo es capaz de

________________ la luna del escaparate.

Luisón sale ________________ como un cohete.

Luisón ____________ a toda velocidad.

Luisón permanece en pie y ____________ el balón.

Palabras relacionadas

Debajo de las palabras que encabezan cada una de las columnas, escribe aquéllas del recuadro que tengan alguna relación con ellas. ◆

póster, futbolista, traje, alumno, espalda, mano,

deportista, colegio, camisa, letrero.

PANTALÓN	CARTEL
____________	____________
____________	____________

JUGADOR	ESCUELA	BRAZO
____________	____________	____________
____________	____________	____________

Letra intrusa

En cada palabra hay una letra que sobra; táchala para que puedas leerla correctamente. ◆

B R A L Z O

A T R A V E S T A R

M Ú S U C U L O S

E S C A R P A R A T E

V E L O C I N D A D

C A R E T E L

A M E R R I C A N O

P Ú M B L I C O

C A S I C O

G I G R A N T E

Habilidad visual

Contesta correctamente a las siguientes preguntas:

– ¿Cuántas letras hay en total?

____

– ¿Qué número no se repite?

____

– ¿Qué letra está repetida?

____

Dominó

Si quieres saber lo que le dijo Norton a Luisón deberás ordenar correctamente estas fichas de dominó. ◆

al	es
¡De	mu
qu	ié
ón	!
n	es
Lu	is
és	tr

A ver si recuerdas...

Antes de comenzar este juego prepara papel y lápiz. Tienes 30 segundos para leer y memorizar estas palabras. Cuando se te avise, escríbelas en el mismo orden y correctamente. ◆

1. Bosteza
2. Sobra
3. Estadio
4. Contrario

Comprensión lectora

1. Luisón, camino del colegio, se reía porque...
A. una señora había tropezado con un perro.
B. ese día llevaba cinco donuts en el bolsillo.
C. se estaba imaginando algo gracioso.

2. Todo lo que aparecía ante los ojos de Luisón...
A. lo convertía en algo fantástico.
B. quería que fuera suyo.
C. trataba de apropiárselo.

3. Luisón pensaba que era más divertido pasarse el día...
A. comiendo.
B. imaginándose cosas.
C. jugando.

4. Luisón se detuvo en seco porque...
A. pasaba un coche.
B. había notado un olor muy especial.
C. lo llamaron desde una ventana.

5. ¿A qué se parecía aquel olor?
A. A tierra mojada.
B. Al de una casa con animales.
C. Al de un jardín.

6. ¿De dónde procedía aquel olor?
A. De un escaparate.
B. Del coche que pasaba cargado de flores.
C. De una mujer que pasó junto a él.

7. ¿Qué ponía el letrero de la tienda?
A. Si tienes dinero los compras, y si no, los dejas.
B. Pasteles Carmina son cosa fina.
C. Si los quieres probar, has de comprar cuatro o más.

8. ¿Qué características tenían las letras del cartel?
A. Se encendían y se apagaban.
B. Eran muy grandes.
C. Eran de color amarillo.

9. ¿Dónde estaban colocados los pasteles?
A. Sobre unas bandejas de tela.
B. Sobre limpísimas repisas de cristal.
C. Sobre la cabeza y las manos de un maniquí.

10. ¿Qué hizo Carmina con Luisón?
A. Lo metió dentro de la tienda.
B. Le regaló unos pasteles.
C. Le dijo que allí no podía estar.

ACIERTOS ____________________ NOMBRE ____________________

Vocabulario

Escribe estas frases junto al dibujo que corresponda. Una vez hecho, comenta el significado de cada una con tu profesor/a. ◆

hileras escalonadas y apiladas	**olfatea**
cara enmarcada por el pelo	**formando pliegues**

Busca los contrarios

Une las palabras de significado contrario. ◆

ABRE	SEPARE
TRANQUILA	NADA
ACERQUE	CIERRA
TODO	DEJA
COGE	NERVIOSA
INTRODUCE	SACA

Forma nuevas palabras

Con las letras de las palabras que encabezan cada uno de los recuadros, sin cambiarlas de orden y sin añadir ninguna nueva, forma nuevas palabras. ◆

E	S	C	A	L	O	N	A	D	A

E	S	C	A	P	A	R	A	T	E

Reconstruye el texto

Lee con atención el texto y escribe, en el lugar adecuado, las frases que tienes en el recuadro para que quede completo y con sentido. ◆

1. con mucha fuerza.

2. sobre limpísimas repisas de cristal.

3. de todos los tamaños.

Luisón se acerca al escaparate. Los pasteles están colocados de forma escalonada ______________________________

____

A los lados, apilados en forma de torres, cajas y cajas de bombones ______________________________

Luisón se acerca. Es como si ese olorcillo le hubiera rodeado el cuello y tirase de él con fuerza, ______________________________

Habilidad visual

¿Cuántas veces está repetida la primera palabra de cada serie? ◆

MENTE: Saber, darse, mente, deber, suerte, mente, sobra, ojos, irreal, mente, poder, cabo, pasear, cosas.

SECO: Ojos, par, olor, seco, creer, aroma, seco, huela, jardín, seco, flor, seco, detener, seco.

CRISTAL: Cristal, estirar, letra, cristal, fina, rojo, noches, cristal, sigue, fuerza, cristal, sitio, puerta, cabeza.

TIENDA: Campana, tienda, suspirar, susto, tienda, ladrones, trufas, nata, semana, golpe, frente, pronto, nada, mano.

BARBILLA: Gorda, rosácea, mejores, barbilla, pasteles, cola, barbilla, barrio, barbilla, domingo, calle, carne, barbilla, mundo.

Para leer mejor

Tienes dos minutos para ojear bien el fragmento; luego contesta las preguntas. ◆

1. "A un lado del gran escaparate se
2. encuentra la puerta de entrada
3. del establecimiento. Encima de ella
4. hay un letrero grande de fondo blanco
5. y letras rojas:
6. PASTELES CARMINA SON COSA FINA
7. Por las noches el letrero se ilumina
8. y las letras rojas se encienden y se apagan."

¿Cuántas palabras terminan en **as**?
¿Cuántas veces se repite la palabra **letrero**?
¿En qué línea aparece la palabra **grande**?

Lee en espiral

A partir de la letra de mayor tamaño que figura en el centro y yendo en espiral en la dirección que indica la flecha, trata de reconstruir la frase que está escondida y escríbela. ◆

A	E	T	A	F	L	O
	U	E	T	N	A	Y
	N	L	A	R	R	S
	P	O	**C**	R	U	O
	A	S	I	E	D	D
	R	O	J	O	S	N
	D	E	S	E	G	U

Palabras diferentes

En cada uno de los recuadros aparecen palabras emparejadas. Algunas son iguales, pero otras cambian ligeramente.
Subraya en la 2ª y 4ª columnas las que sean diferentes. ◆

1ª	2ª
ríe	río
cuenta	cuenta
seguro	inseguro
pasean	posean
para	para
puede	pude
cabo	cabo
prensa	piensa
cosas	casos
quiere	quiere

3ª	4ª
sobra	sobre
aparece	aparece
ojos	ajos
fantástico	fantástica
irreal	irreal
seco	saco
cierra	sierra
percibe	percibe
veces	voces
cree	creo

Para leer mejor

Coloca los ojos en las líneas azules y lee lo más rápidamente posible este trocito de lectura.
Cuando termines, anotas el tiempo que has tardado, descansa un poco y vuelve a leerlo otra vez. ¿Has mejorado el tiempo?
Cuando lo hayas hecho, contesta las preguntas. ◆

Por las noches el letrero
se ilumina y las letras rojas
se encienden y se apagan.
Luisón, sin darse cuenta, se
acerca al escaparate. Los pasteles
están colocados en hileras,
de forma escalonada, sobre limpísimas
repisas de cristal. A los lados,
apiladas en forma de torres
cajas y cajas de bombones
de todos los tamaños.

Luisón se acerca. Es como si ese olorcillo le hubiese rodeado el cuello y tirase de él con fuerza, con mucha fuerza...

Con tanta fuerza que, de repente, Luisón siente un golpetazo en la frente y su cabeza sale rebotada hacia atrás.

Tiempo: ______________ Tiempo: ______________

¿Qué le llevó a Luisón a acercarse al escaparate?

____

¿Desde qué distancia observó el escaparate?

____

Comprensión lectora

1. **¿Por qué está gorda Carmina?**
   A. Por comer muchos pasteles.
   B. Por comer huevos fritos con patatas y choricito.
   C. Por comer tocino de cielo.
2. **¿Qué hizo Carmina con la moneda que sacó de la caja?**
   A. La puso como adorno en una tarta.
   B. Se la entrega a Luisón para que se compre un pastel.
   C. Se la colocó en la frente para quitarle el chichón.
3. **¿Qué le preguntó Carmina a Luisón?**
   A. ¿Te gustaría ayudarme?
   B. ¿Qué pastel es el que más te gusta?
   C. ¿Sabes hacer pasteles de nata?
4. **¿Hacia dónde llevó Carmina a Luisón?**
   A. Hacia la puerta de la calle.
   B. Hacia la puerta misteriosa.
   C. Hacia el escaparate para que viera los bombones.
5. **Cuando Luisón iba a comprar pasteles, ¿qué sacaban por "la puerta misteriosa"?**
   A. Pollos asados.
   B. Bandejas llenas de mermelada.
   C. Bandejas llenas de pasteles.
6. **Cuando cruzaron la puerta, lo primero que le enseñó Carmina fue...**
   A. el horno.
   B. el motor del aire acondicionado.
   C. el libro de las recetas para hacer pasteles.
7. **¿Qué había por todas partes?**
   A. Cuchillos y tenedores.
   B. Repisas llenas de bollos y pasteles.
   C. Leña y carbón para el horno.
8. **Carmina y Luisón se entendían de maravilla. Parecía que...**
   A. siempre habían trabajado juntos.
   B. eran madre e hijo.
   C. Luisón había estado haciendo pasteles toda la vida.
9. **Al poco rato de estar haciendo pasteles, Carmina y Luisón...**
   A. estaban muy cansados.
   B. el sudor les caía hasta la planta de los pies.
   C. parecían dos payasos.
10. **El colegio de Luisón abría...**
   A. a la misma hora que la pastelería.
   B. media hora más tarde que la pastelería.
   C. cinco minutos antes que la pastelería.

ACIERTOS ____________________ NOMBRE ____________________

Vocabulario

Cada una de las palabras del recuadro corresponde a un dibujo. A ver si eres capaz de colocar cada una debajo de su dibujo correspondiente. ◆

Repleto – Anuda – Observar – Cofia

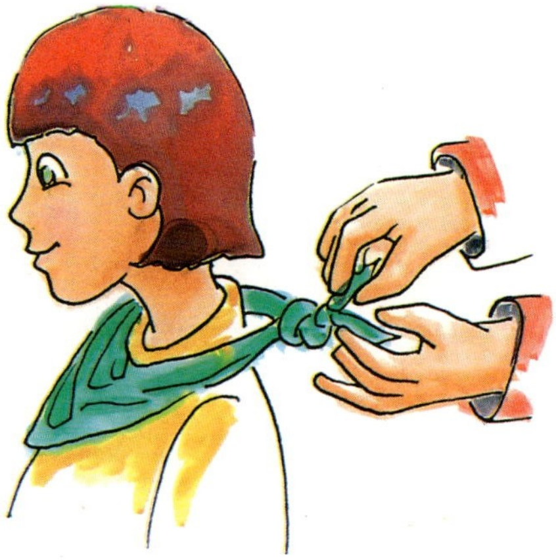

Habilidad visual

Localiza en el cuadro las siguientes palabras:

F	G	C	C	K	I	B
V	U	A	A	L	R	S
C	A	R	M	I	N	A
U	R	N	I	S	H	M
R	D	E	S	M	A	L
A	A	H	A	O	Y	I
R	E	P	I	S	A	S

Habilidad visual

¿Cuántas veces está repetida la primera palabra de cada serie? ◆

BARRIO: Coche, cama, calle, barrio, mejor, pregunta, barrio, blanca, estudio, sal, salir, barrio, vez.

MANO: Cabeza, entrar, colegio, mano, chaqueta, pastel, mano, pendiente, vender, hacer, nueces, mano, caja, luz, mano.

FRENTE: Luces, pared, frente, comer, cantas, pizarra, frente, loco, niño, frente, casa, concha, frente, caracol.

GORDA: Castañas, gustar, gorda, goles, balón, saber, gorda, bastón, estufa, lunes, pisar.

Palabras contrarias

En el recuadro tienes escritas diez palabras que son las contrarias de las otras diez que tienes en las columnas de abajo. Escribe junto a éstas su contrario correspondiente. ◆

secar – peores – baja – menos – mentira
sucio – corto – flaca – grande – guapo

alta	____________	verdad	____________
gorda	____________	mojar	____________
largo	____________	pequeña	____________
mejores	____________	feo	____________
limpio	____________	más	____________

A cazar gazapos

En el siguiente texto se han escapado algunos gazapos (palabras que no corresponden al mismo). Búscalos y subráyalos. ◆

De pronto, recuerda que si faltan pocos minutos para que explote la pastelería, le quedan pocos minutos para llegar al colegio. La pastelería y el colegio cierran sus puertas a la misma hora. Luisón vuelve a trepar por la acera.

Piensa: Cuando el profe de gimnasia vuelva a preguntarme qué voy a ser de mayor, ya sé lo que le responderé. Seré astronauta. Eso mismo le diré.

Texto en clave

Siguiendo la correspondencia de las letras y los números que hay en el cuadro, podrás dar con las palabras que tienes que descubrir. Cada letra está representada por el número que le corresponde y por la indicación **D:** derecha, **I:** izquierda. ◆

CLAVE

I		D
M	1	T
L	2	D
G	3	R
B	4	S
Y	5	A
F	6	H
V	7	O
N	8	P
I	9	C
J	10	E

(9-D) (5-D) (3-D) (1-I) (9-I) (8-I) (5-D)

____

(1-D) (9-I)(10-D)(8-I)(10-D) (2-I) (7-D) (4-D)

____

(1-I) (10-D)(10-I) (7-D) (3-D)(10-D)(4-D)

____

(8-D) (5-D) (4-D) (1-D)(10-D) (2-I) (10-D)(4-D)

____

(2-D)(10-D)(2-I) (4-I) (5-D)(3-D) (3-D) (9-I) (7-D)

____

Palabra diferente

En cada grupo de cinco palabras se ha colocado una que no guarda relación con las otras cuatro. Búscala y subráyala. ◆

comer	caja	pastel	mojar
comida	cajero	pastelería	calar
coche	cajetilla	pastelero	remojar
comedor	castillo	pastelillo	lavar
comilón	cajón	pastor	callar

Habilidad visual

Dispones de cinco minutos para subrayar en el texto de abajo las palabras diferentes del texto de arriba. ◆

Carmina conduce a Luisón hacia esa puerta que tantas veces él ha observado cuando acompaña a su madre a comprar pasteles.

La puerta misteriosa, la llama.

La puerta sólo se abre de vez en cuando, para que alguien saque una bandeja llena de pastas, pasteles y tartas…

La de veces que Luisón habrá soñado con los manjares que Carmina guarda al otro lado de esa puerta. Y ahora por fin va a descubrirlos.

Carmina conduce a Luisón hacia esa puerta que pocas veces él ha mirado cuando acompaña a su padre a comprar pasteles.

La puerta falsa, la llama.

La puerta sólo se mueve de vez en cuando, para que Carmina saque un plato lleno de bombones, pasteles y tartas…

La de veces que Luisón habrá soñado con los tesoros que Carmina guarda al otro lado de esa ventana. Y ahora por fin va a encontrarlos.

Comprensión lectora

1. En la imaginación de Luisón, el colegio se convirtió...
A. en una tortuga gigante.
B. en un pulpo gigante.
C. en un gran parque.

2. ¿Qué palabra aparecía escrita en la cabeza del pulpo?
A. Viaje de ida y vuelta gratis.
B. Visite el país de la fantasía.
C. Colegio.

3. Camino del colegio, Jaime pasó junto a Luisón y le dijo:
A. ¿Pero qué haces ahí parado?
B. Tan despistado como siempre, macho.
C. ¿No te habrás olvidado el bocadillo?

4. ¿Qué hizo Luisón para saber si el pulpo era o no real?
A. Pegarse un pellizco en la cara.
B. Alargar la mano para tocar uno de sus tentáculos.
C. Frotarse los ojos.

5. ¿Cómo escuchaba Jaime lo que Luisón le contaba?
A. Con las manos en la cabeza.
B. Con la boca abierta.
C. Casi no le hacía caso.

6. En la fila, Jaime se colocaba siempre...
A. junto a Marina.
B. al lado de Luisón.
C. al final, para entrar el último en la clase.

7. Luisón admiraba a Jaime porque...
A. era el único que escuchaba sus fantásticas historias.
B. siempre llevaba ropa muy moderna.
C. nunca se peleaban.

8. ¿Qué palabra le rondaba a Luisón por su mente?
A. ¡Soñar!
B. ¡Adivinar!
C. ¡Admirar!

9. ¿Por qué destacaba en la clase Olga?
A. Porque era guapísima.
B. Porque sacaba las mejores notas.
C. Porque era simpática y amiga de todos.

10. Por ser el más gordo de la clase, Luisón...
A. era también admirado por todos.
B. lo elegían siempre como capitán del equipo.
C. no era admirado por nadie.

ACIERTOS ____________________

NOMBRE ____________________

Vocabulario

Une cada palabra con su significado correspondiente.

Tentáculos	Confusión, jaleo, desorden.
Reacciona	Dar vueltas alrededor de algo o de alguien.
Insistir	Especie de brazos que tienen los pulpos.
Barullo	Responde a algo que le dan o le dicen.
Introducir	Repetir una cosa, volver a pedir algo.
Rondar	Meter dentro.

Palabras cruzadas

Coloca las palabras del vocabulario en estas cruzadas, poniendo una letra en cada cuadrito.

Forma palabras

Con las letras que tienes dentro del saco, trata de formar al menos seis palabras. ◆

______________ ______________

______________ ______________

______________ ______________

Sopa de letras

Busca en esta sopa de letras los oficios que tienes indicados en el recuadro. ◆

sastre - carpintero - piloto - tendero - ingeniero

T	E	N	D	E	R	O	Y	N	P
S	L	O	A	N	T	V	B	T	I
A	G	I	T	R	P	U	C	D	L
S	I	N	G	E	N	I	E	R	O
T	O	P	Ñ	I	B	E	X	K	T
R	S	T	O	M	V	C	T	S	O
E	P	U	S	A	Y	Z	M	L	I
C	A	R	P	I	N	T	E	R	O

Significados parecidos

En el recuadro tienes escritas seis palabras que se corresponden por sus significados a las otras seis que aparecen debajo. Escribe al lado de éstas las palabras que signifiquen lo mismo. ◆

Empezar	equivocarse	quieto
paran	acabar	bonita.

1. Detienen ____________________
2. Parado ____________________
3. Terminar ____________________
4. Comenzar ____________________
5. Guapa ____________________
6. Confundirse ____________________

Habilidad visual

En cada serie de letras, hay dos filas que contienen las mismas letras, pero ordenadas al revés. Por ejemplo: A B C D – D C B A. Subraya en cada grupo las líneas que cumplan esta condición. ◆

T	G	R	P
L	O	B	P
Q	D	R	T
S	D	V	C
T	R	D	Q
O	I	F	H

E	F	R	U
C	V	Y	R
E	D	R	O
U	R	F	E
S	C	D	E
O	R	T	E

a	d	t	h
x	v	u	t
s	f	a	d
t	b	h	a
d	a	s	t
d	a	f	s

p	o	i	j
l	g	u	p
f	t	d	i
j	i	v	t
p	u	g	l
c	u	l	g

Para que leas mejor

Lee atentamente estas palabras fijándote en la línea central y trata de retenerlas. El profesor te indicará el tiempo de que dispones. Cuando se te señale, pasas de página.

ya	hay	ser
con	muy	hora
seco	echa	pulpo
tarde	lado	sastre
pulpo	novio	correr
vista	bien	entrada
calle	guapa	pequeños
entrar	amigo	dirección
Jaime	cabeza	tentáculos
mirar	mejor	escaparate

Separar palabras

Separa con una línea vertical las palabras de estas frases y escríbelas debajo correctamente.

1. Lostentáculossemuevenentodasdirecciones.

____

2. Jaimevieneatodaprisaporlaacera.

____

3. Ahoranohayningúnpulpogigante.

____

A ver si recuerdas

Subraya las palabras de esta lista que estaban en la lista que has leído en la página anterior. ◆

tarde	novio	entrada
antes	goma	jardinero
calle	cabeza	pulpo
Olga	cola	pequeños
Jaime	tijera	loro

Palabras repetidas

En cada una de estas columnas hay algunas palabras repetidas. Señala debajo cuáles son y cuántas veces lo están. ◆

patio	calle
colegio	carrera
barullo	portero
curso	colegio
aula	lápiz
patio	carrera
grupo	lápiz
silla	portero
barullo	lápiz
patio	carrera

______________ ______________

______________ ______________

____

Comprensión lectora

1. **¿De qué estaba rodeada la pista del circo?**
   A. De gradas de madera.
   B. De una valla metálica.
   C. De cinturones de seguridad.

2. **Mientras esperaban, ¿qué comían los compañeros de Luisón?**
   A. Pipas y patatas fritas.
   B. Palomitas de maíz.
   C. Bocadillos de calamares.

3. **¿Qué llevaba en la mano el profesor cuando apareció en la pista?**
   A. Un helado de fresa.
   B. Un balón de reglamento.
   C. Un micrófono.

4. **Luisón salió a la pista vestido con...**
   A. unos leotardos blancos.
   B. un traje bonito.
   C. un pantalón de deporte.

5. **Los compañeros de Luisón lo animaban gritando:**
   A. ¡Campeón! ¡Campeón!
   B. ¡Fuera! ¡Fuera!
   C. ¡Luisón! ¡Din-don!

6. **Luisón pensaba que cuando fuera mayor sería...**
   A. el más fuerte y grande del mundo.
   B. el más famoso del mundo.
   C. el más feliz de todos.

7. **Cuatro hombres robustos colocaron en medio de la pista...**
   A. tres leones furiosos.
   B. unas pesas enormes.
   C. una gran tarta.

8. **¿Quién anunció lo que iba a hacer Luisón?**
   A. Las azafatas del circo.
   B. El alguacil del pueblo.
   C. El profesor de gimnasia.

9. **¿Qué fue lo que agarró Luisón con fuerza?**
   A. Una barra de hierro.
   B. Los rabos de los tres leones.
   C. Las cuerdas de los trapecistas.

10. **¿Cómo despertó Luisón del sueño?**
   A. Por el mordisco de uno de los leones.
   B. Por las palabras ¡Luisón! ¡Din-don!
   C. Por el grito que le dio el profesor de gimnasia.

ACIERTOS ____________

NOMBRE ____________

Significados parecidos

Une con flechas las palabras que significan lo mismo. ◆

INSTANTE	MEDIO
CENTRO	ALEGRÍA
JÚBILO	COMPRENDE
ENTIENDE	MOMENTO
ELEVAN	SUBEN

Palabras encadenadas

Rodea con un círculo las palabras encadenadas en estos gusanitos. ◆

Atención y rapidez

El profesor escribirá siete números en la pizarra.
Localiza lo más rápidamente posible las palabras y escríbelas debajo. ◆

instante	17
colegio	25
Luisón	36
música	82
circo	10
gimnasia	39
sogas	43
lona	14
palomitas	18
estridente	98
asombro	20
aplaudir	24
reojo	28
leotardos	40
hombros	38
vergüenza	50
gritos	34
júbilo	60
perplejo	94
maíz	48

señal	30
esfuerzo	11
insulto	44
descomunales	73
robustos	58
cabeza	78
atravesar	16
hierro	35
pabellón	37
pesas	51
tambor	54
realidad	68
sorpresa	42
barra	93
vistazo	80
silencio	91
público	64
repiquetear	88
compañero	84
extremos	12

Palabras diferentes

En cada uno de los recuadros aparecen palabras emparejadas. Algunas son iguales, pero otras cambian ligeramente. Subraya en la segunda y cuarta columnas las que sean diferentes. ◆

1ª	2ª
ojos	ojos
cierra	tierra
carpa	zarpa
sogas	sogas
mirar	tirar

3ª	4ª
centro	centro
fuerte	suerte
cintura	cintura
hombres	hombros

Atención y rapidez

Responde, en el menor tiempo posible, las preguntas que siguen al texto. ◆

1. Luisón se mira de reojo y lo que descubre
2. le deja perplejo. ¿Cómo puede estar vestido
3. de aquella manera?
4. Lleva unos finos leotardos blancos ajustados
5. a sus piernas y, sobre ellos, un slip de color
6. rojo. De cintura para arriba sólo lleva una ajustada
7. camiseta de tirantes, que le deja al descubierto
8. sus brazos, sus hombros y parte de su pecho.
9. Luisón siente mucha vergüenza, a pesar de que
10. a sus oídos llegan los gritos de júbilo de sus compañeros.

1. Los leotardos eran de color… ____________________

2. ¿De qué tipo era la camiseta? ____________________

3. Luisón llevaba una prenda de color rojo, ¿cuál? ____________________

4. Localiza en qué línea están estas palabras:

gritos	______	reojo	______	cintura	______
vergüenza	______	descubierto	______	perplejo	______

Habilidad visual

Responde a las preguntas que se te indican. Observa con mucha atención. ◆

5	1	2
2	6	3
9	4	8

¿Qué número está repetido dos veces?

____

0	8	5
6	9	6
5	0	9

Todos los números están repetidos, menos uno.
¿Cuál? ________________

F	L	I
T	C	M
H	F	E

Una letra se repite dos veces. ¿Cuál es?

____

G	C	D
D	O	G
O	G	C

Todas las letras aparecen dos veces, menos una que está tres veces. ¿Cuál?

____

d	i	t
e	a	l
l	n	m

¿Cuál es la letra que está dos veces?

____

q	p	d
g	d	g
q	b	p

Todas las letras se repiten, menos una.
¿Cuál es? ________________

Tiempo: [ ]

Aciertos: [ ]

Ordenar un texto

Ordena las frases que tienen a continuación según aparecen en la lectura, numerándolas de 1 a 4. ◆

_______ Los compañeros de clase empiezan a aplaudir.

_______ ¿Cómo puede estar vestido de aquella manera?

_______ y lo que descubre le deja perplejo

___1___ Luisón se mira de reojo

Encadenado

En el siguiente crucigrama debes colocar en cada casilla una letra de las palabras escritas en el recuadro.
Tienen que coincidir exactamente el número de cuadros con el de letras. Van en sentido HORIZONTAL (izquierda a derecha) o VERTICAL (arriba abajo). ◆

embelesados	tensa	aplaudir	circo
recubierto	asombro	reojo	
descomunal	mástiles	lona	

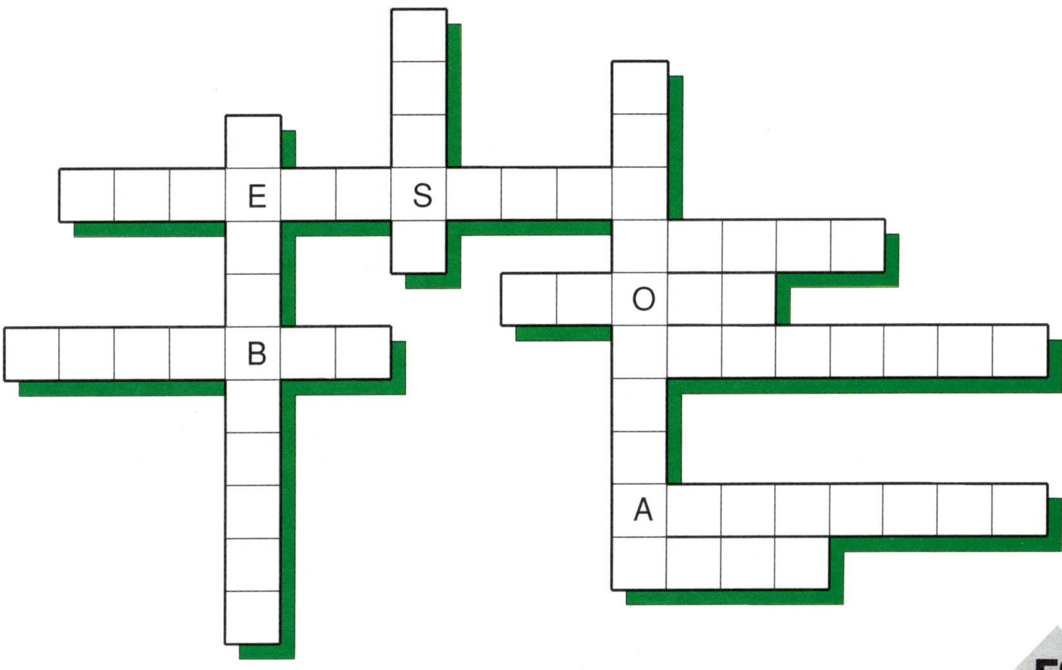

Comprensión lectora

1. Mientras la profesora escribía, Luisón...
A. miraba por la ventana.
B. miraba la pizarra.
C. miraba el vestido de Jaime.

2. ¿Qué le dijo la profesora?
A. ¡Estás en las nubes!
B. ¡Siempre estás en la luna!
C. Luisón, ¿qué estás mirando?

3. ¿Qué le dijo Luisón a la profesora?
A. ¡Seño, si no estoy distraído!
B. Movió la cabeza afirmativamente.
C. ¡Siempre me coge distraído!

4. ¿Qué hacían los números escritos en la pizarra?
A. Se reían a carcajada limpia.
B. Una sopa de números.
C. Jugaban un partido de fútbol.

5. ¿Qué le hizo a Luisón sentirse aliviado?
A. Pensar que ya faltaba poco para el recreo.
B. Oír el sonido de la campanilla que anunciaba el recreo.
C. El airecillo fresco que entraba.

6. ¿Qué determinación tomó Luisón después de la clase de matemáticas?
A. Que sería jugador de fútbol americano.
B. Que se decidía por ser pastelero.
C. Que sería cualquier cosa menos levantador de pesas.

7. ¿Qué regalo pediría Luisón a sus padres?
A. Una moto grande.
B. Un casco para protegerse la cabeza.
C. Unas zapatillas con clavos en las suelas.

8. ¿Qué hacían todos alrededor de Luisón durante el recreo?
A. Esperar que les diera un trozo del bocadillo.
B. Ver el peso que era capaz de levantar.
C. Escuchar sus increíbles historias.

9. ¿Quién decía Luisón que era Baltasar?
A. Una hormiga atómica.
B. Un pirata disfrazado de conserje.
C. Una tortuga aburrida.

10. ¿Para qué escalaba la hormiga el cuello de la jirafa?
A. Para ver lo grande que era el mundo.
B. Para limpiarle los dientes.
C. Para hacerle cosquillas en las orejas.

ACIERTOS ____________________

NOMBRE ____________________

Vocabulario

De las tres frases que acompañan a cada una de las expresiones que aparecen en negrita, señala aquella que signifique lo mismo. ◆

Es un juego muy duro:

Que dura mucho tiempo.
Que requiere mucha fuerza.
Que cuesta mucho dinero.

Es preciso **pasarse toda la noche en vela:**

Estar despierto toda la noche.
Pasar toda la noche con una vela en la mano.
Dormir con una vela encendida.

Regresan a la clase **en fila india:**

Vuelven a la clase disfrazados de indios.
Vuelven a la clase en dos filas.
Vuelven a la clase uno detrás de otro.

Luisón **siente un alivio enorme:**

Siente un miedo terrible.
Siente un gran descanso.
Siente que la cabeza le daba vueltas.

Habilidad visual

Dime cuántas veces aparecen las letras que se te indican en cada recuadro. Anota el tiempo empleado. ◆

v	a	z	t
t	z	o	v
s	d	r	b
a	m	a	z

z ________ a ________
t ________

u	v	t	a
r	s	a	u
u	v	t	e
a	z	a	r

t ________ a ________

A	M	O
R	T	S
S	M	T

M ______ O ______

V	D	O	R	P
K	B	Z	M	I
L	D	R	P	V
O	C	F	G	R
M	R	J	N	O

O ________ R ________
M ________ V ________

Tiempo: [ ] Aciertos: [ ]

Salto de la rana

Tomando las letras a saltitos, una sí y otra no, ¿qué frase obtendrás?
Escríbela a continuación. ◆

L	E	A	S	P	T	R	O	O	N	F	O	E	E	S	S
															O
B	O	I	T	R	C	C	E	S	R	E	R	A	O	R	C
C															
E	A	N	M	Ú	B	M	I	E	A	R	L	O	O	S.	*

____

Espiral

Si empiezas por la letra del centro y sigues la dirección de las agujas del reloj, podrás subrayar la respuesta verdadera. ◆

*	H	A	B	L
R	N	**L**	U	A
A	Ó	S	I	S
R	A	P	N	I

Luisón habla → **mucho** / **poco**

Palabra diferente

En cada grupo de palabras se ha colado una que no guarda relación con las demás. Subráyala. La primera te indica la relación entre las palabras de cada grupo. ◆

- escritor
- confitero
- autobús
- conserje
- profesor

- tiza
- borrador
- lápiz
- Norton
- pizarra

- matemáticas
- cuentas
- lengua
- goma
- vocabulario

- uno
- eme
- dos
- ocho
- tres

Ordenar un texto

Ordena estas frases del capítulo colocando delante los números 1 al 4, según el orden en el que aparecen. ◆

_______ Sería estupendo que escribieses

_______ todas esas historias.

_______ acerca a Luisón y le dice:

_______ Entonces, Jaime se

Letras desordenadas

Todas estas palabras tienen sus letras desordenadas. Trata de ordenarlas y escribe las palabras correctamente. ◆

RRA	ZA	PI	____________
DO	SEN	TA	____________
TE	CAN	TAN	____________
NU	DA	ME	____________
TI	DO	PAR	____________
TE	LES	PAS	____________
BE	ZA	CA	____________
ROS	NÚ	ME	____________
PA	CA	ES	____________
GUN	PRE	TA	____________

Fuga de vocales

Las vocales de las palabras que siguen han desaparecido. Vuelve a colocarlas en su sitio para que puedan leerse completas otra vez. ◆

J _ G _ D _ R

P _ T _ _

D _ P _ R T _ S

J _ _ M _

P _ L _ T _

B _ C _ D _ L L _

L _ C _ M _ T _ R _

M _ _ S T R _

C _ T _ R R _

C _ B _ Z _

Los huevos fritos

Era un caminante que llegó a casa de un posadero y le pidió de comer. Y el posadero le puso de cenar dos huevos fritos. Al marcharse el caminante, distraído, no se acordó de pagar la comida.

El caminante tardó un año en volver por allí. Y al llegar se saludaron como buenos amigos. Le pidió comida otra vez y, al pagarle la cuenta de ese mismo día, le dijo:

–Oye, ¿no te acuerdas de que te debo dos huevos del año pasado? ¿Cuánto te debo?

–¡Cuidado! –le dijo el posadero–. Habrá que sacar la cuenta. Esos huevos hubieran podido ser gallinas, y esas gallinas sacar otros huevos...

En fin, le puso una cuenta de quinientas pesetas. Y cuando el caminante se negó a pagarle tal cantidad, lo amenazó con llevarlo a los tribunales. El caminante, asustado, salió de allí y se encontró con un pastor.

–¿Qué te pasa, buen hombre, que estás tan asustado? –le dijo el pastor.

–¡Hombre...! ¿Sabe usted lo que me pasa? Hace un año me comí dos huevos fritos en casa del posadero, y ahora vengo a pagárselos y me pone una cuenta de quinientas pesetas porque dice que esos huevos hubieran podido ser gallinas, y esas gallinas sacar otros huevos... y dice que me va a poner una demanda.

El pastor dijo:

–¡Nada! ¡Nada! ¡Que te la ponga! Dime a qué hora es el juicio, que yo te defiendo todo lo que sea.

–Pues mañana a las once te espero.

Al día siguiente, el juez, el posadero y el caminante se presentaron en el juzgado. Dan las once, y no apareció el pastor. Se quedaron esperándole y se presentó a la una menos cuarto, cuando ya iban a cerrar.

–Buenos días.

–Buenos días –contestó el juez–. ¿No sabe usted que no son horas de venir, que estaba citado para las once de la mañana?

–Usted me dispense, pero he estado cociendo una caldera de judías para, después de salir de aquí, ir a sembrarlas.

–¡Hombre, en mi vida había visto otra cosa como esta! –le dijo el juez–. ¡Que las alubias, después de cocidas, vayan a nacer!

Respondió el pastor:

–Pues, ¡eso digo yo! ¡Que los huevos, después de fritos, no crían pollos ni gallinas!

Cuentos populares de Castilla
AURELIO ESPINAN
Ed. Espasa Calpe

371 palabras

Comprensión lectora

1. **¿Qué fue lo que cenó el caminante?**
   A. Un filete con patatas.
   B. Dos huevos fritos.
   C. Un muslo de pollo.

2. **¿Cuánto le costó la comida?**
   A. Se marchó sin pagar.
   B. Ochocientas pesetas.
   C. Cincuenta pesetas.

3. **Pasado un año, ¿qué le preguntó el caminante al posadero?**
   A. ¿Sigues teniendo gallinas?
   B. ¿Qué tienes hoy para comer?
   C. ¿No te acuerdas que te debo la comida del año pasado?

4. **¿Cuánto dinero le pidió por los huevos del año anterior?**
   A. Quinientas pesetas.
   B. Nada. Le dijo que se lo perdonaba.
   C. Que le diera la cantidad que él quisiera.

5. **¿Qué le preguntó el pastor al caminante?**
   A. ¡Qué mala cara tienes! ¿Por qué estás amarillo?
   B. ¿Cuánto tiempo hace que no nos vemos?
   C. ¿Qué te pasa que estás tan asustado?

6. **¿Qué le contó el caminante al pastor?**
   A. Lo que le había pasado con el posadero.
   B. Que ni aunque se hubiera comido dos huevos de oro.
   C. Que las comidas de allí eran caras y malas.

7. **¿A qué se comprometió el pastor?**
   A. A pagar la deuda del caminante.
   B. A dar una paliza al posadero por abusón.
   C. A defender al caminante en el juicio.

8. **¿Cuánto tiempo se retrasó el pastor en llegar al juzgado?**
   A. Más de una hora.
   B. Sólo cinco minutos.
   C. No se presentó en el juicio.

9. **¿Por qué se retrasó el pastor?**
   A. Porque había tenido que encerrar las ovejas.
   B. Porque había estado haciendo los quesos.
   C. Porque había estado cociendo una caldera de alubias.

10. **El pastor le dijo al juez: los huevos fritos...**
    A. lo mejor que se puede hacer con ellos es comérselos.
    B. con unas patatas fritas están riquísimos.
    C. no vuelven a criar pollos ni gallinas.

ACIERTOS ____________________

NOMBRE ____________________

Mensaje oculto

Busca en esta sopa de letras los nombres de los objetos dibujados. Pon atención, porque están escritos en estas direcciones: derecha-izquierda, izquierda-derecha, arriba-abajo y abajo-arriba.

Una vez que los hayas encontrado todos, con las letras restantes, colocadas una detrás de otra y en el mismo orden, podrás descubrir el mensaje oculto. ◆

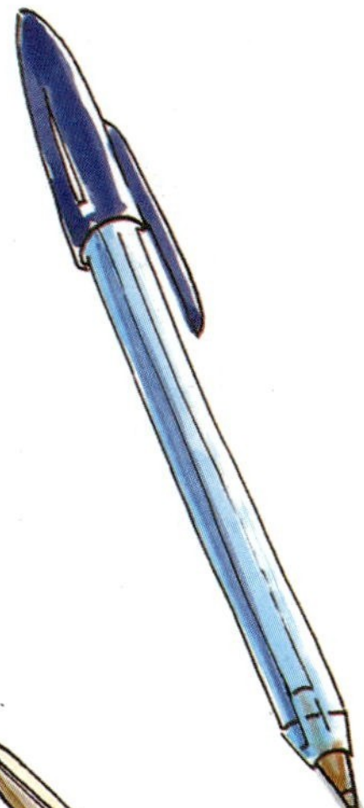

P	A	S	T	E	L	P	C	A
S	T	O	I	E	L	E	A	S
C	A	C	J	R	M	I	S	L
N	A	R	E	C	O	S	C	I
O	F	A	R	G	I	L	O	B
A		B	A	L	O	N	F	R
I	P	E	S	A	S	N	A	O

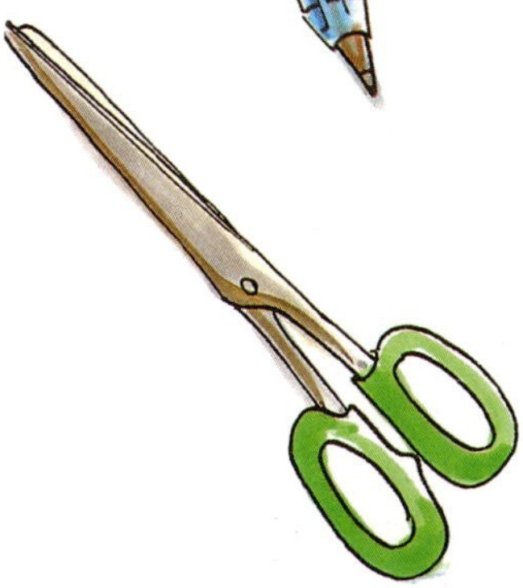

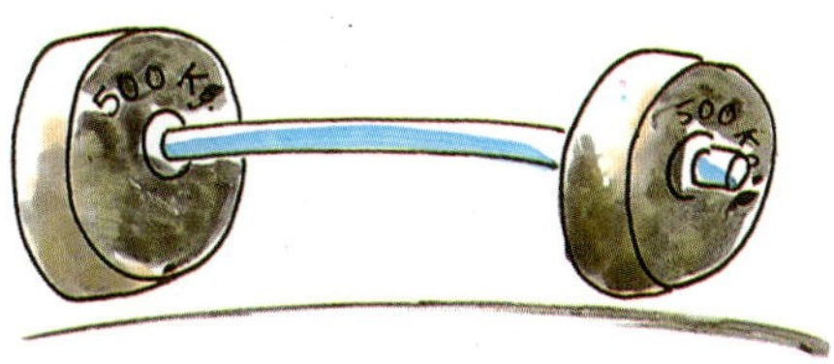

Mensaje oculto: ______________________________

El adiós de Luisón

Luisón es muy educado y no quiere despedirse de ti sin decirte ¡adiós! Pero deberás descubrir lo que te dice reemplazando las claves por las letras correspondientes.
¿Descubrirás el mensaje de despedida de Luisón? ◆

	A	B	C	D	E
1	¿	I	O	A	R
2	L	É	Y	U	Ó
3	O	Q	N	E	T
4	A	N	A	M	U
5	S	S	O	V	C
6	?	U	L	E	¡
7	A	S	É	!	R
8	D	M	Y	E	S

1A – 3B – 4E – 7C – 5D – 4A – 8E

___ ___ ___ ___ ___ ___ ___

1D 5B – 3D – 7E 8A – 6D

___ ___ ___ ___ ___ ___

8B – 4C – 2C – 3A – 1E – 6A

___ ___ ___ ___ ___ ___

6E – 5E – 6B – 2B – 3C – 3E – 7A

___ ___ ___ ___ ___ ___ ___

4D – 8D – 2A – 5C – 7D

___ ___ ___ ___ ___

7B – 1C – 8C

___ ___ ___

6C – 2D – 1B – 5A – 2E – 4B

___ ___ ___ ___ ___ ___